그리운 지청구

김원식 시집

문학의전당 시인선
216

그리운 지청구

김원식 시집

문학의전당

시인의 말

오랜 詩몸살을 앓고 나서 시집을 엮는다.
위중하신 아버지와 너무 늦은 사랑과 관면(寬免)이
핑계라면 핑계다.

스승 임영조 시인의 가르침을 한 행도 이루지 못했다.
육화되지 않은 문자들을 함부로 엮은 죄,
평생 짊어지겠다.

행여, 이 시집을 기꺼이 읽어주실 독자들께
아득한 시학이지만 더 공부를 높이겠다고 다짐을 한다.
대저 나의 詩살이가 단 한 사람의 향기라도 되었으면 좋겠다.

'단풍 든 세상의 모든 아버지들께 무릎을 꿇습니다.'

2015년 가을
김원식

차례

제1부

제2부

제3부

제4부

제1부

가을 서곡

치열하다
참매미 목쉰 울음소리

교교한 달빛 끌어 덮고
배롱나무꽃 숨이 차다

우두망찰 서 있는 그대여
꽃무릇 눈두덩이 터진다

자목련을 읽다

목적어가 필요 없는 꽃봉은
수식어 같은 이파리도 사치다
오직 사모, 주어만 필요하다
허공의 행간을 겨우내
서리꽃 목필로 채운 뜻,
숭고한 사랑의 징표 때문이리라
황홀한 수줍음 여전한 너,
두 손 번쩍 들고 마중하다가
4월 첫 자리에 홍자색 연정
죄 엎지른 네 설렘을 알겠다
자지러지듯 고혹적인 점등식
혼절한 단문, 자목련을 읽는다

달맞이꽃 뜨다

낮달이어도 좋을 기다림의 마디마디
강물의 뼈가 되었다
등 굽은 달빛이 물 위에 그린 자화상
아르테미스*의 종소리는 밤에만 뜬다
말없는 사랑, 아침까지만 기다리겠다

---

*아르테미스 : 달의 여신.
*달맞이꽃의 꽃말 : 기다림, 말없는 사랑.

야생화

바투 보지 마라
눈길로도 위태롭다
먼빛으로도 충분하다
사붓사붓 걸음에도
꽃부리가 해진다
나로서 향기로운 적 있었다면
그 발길 내리 딛지 마라
함부로 사랑한 일도
그대는 충분히 죄다
내버려둬라
무명초처럼 어엿이 살다가
꽃살문 속에 다시 필 테니.

4월 꽃그늘 아래에서

자목련 툭, 지는 날
너무 늦게 나에게 묻는다
네 마음의 묵정밭엔
무엇을 파종할 것이냐
저문 바람이 뿌린 시(詩) 한 톨
허공의 정원에 살별로 뜬다

동백

동백아!
너는 누구를 기다리기에
삼동에 속곳이 비치도록
붉게 우느냐
저 타는 노을의 구애를
더는, 애태우지 마라
동박새 울음 쇠어
선운사 산다화 툭, 지면
나마저 가신 님을 잊을라

하얀 민들레

세상의 모든 발바닥을
엎드려 마중하면서
흙의 모시옷이 된 꽃
마음의 담 허문 이에게
피는 곳 아랑 곳 없이
첫 마음으로 드는 꽃
천지간 봄꽃들 죄다
널 주목하는 이유,
나만은 묻지 않겠다
세상의 낮은 곳에만
하얀 꽃등을 켜는 이유를

사월의 사거리를 아시나요

오메, 징한 것
세곡동 사거리에 꽃마을이 있는데요
백목련 자목련은 속곳 벗고 허공에 들었고요
개나리 진달래는 하필 능 섶에 늘편히 있다요
아따, 그뿐 아니고요
홍매화 살구꽃은 앞니 훤한 어르신 뜰 앞에서
홍홍홍 웃음을 참느라 키득대고요
첫 햇살로 세안한 연초록의 구애에 나는,
이내 자결한 향기처럼 길을 잃고 말았는데요

인생사 일장춘몽, 연신 혀를 차시던 할매
화무십일홍, 흰머리 소년과 바람이 나서는
이 잡것들아 거시기
그래도 봄날, 꽃 사태는 보고 살라 딴청이네요
근디 이건 또 머라요
산모롱이 저 함초롬한 꽃다지며 민들레꽃
해필 개나리 앞을 까치발로 서성대는 이유며,
자목련 그늘 아래 제 자태를 뽐내던 제비꽃

뒷감당 어쩌려고 색깔로 견주자 깐죽대는지요

이렇게 대책 없는 봄날,
영산홍 치마폭을 한사코 들추던 지빠귀들이
봄날의 금침 속으로 날아간 뒤, 저마저
춘정을 끌어 덮고 작심하고 누워버렸지요
인자는 님도 몰라요
행여, 제가 그립다면 사월의 사거리로 오셔서
한 열흘 곁에 누워 그냥, 꽃 이름도 묻지 마세요
바람의 손으로 꽃잎을 내리는 날까지
꽃동산 난장 아래 사랑도 詩도 잠시 내려놓자고요

고추꽃처럼 피어나다

갈 곳 없는 봄날
수런거리는 앞산에 들었습니다
농을 치는 조팝꽃 난장에
온통 넋이 팔려 있을 때
전화가 온 건 그때였습니다
'고추 꽃잎은 몇 장이야?'
참 뜬금없는 살가운 안부입니다
건들건들 태연한 척 살아온 날들
비련의 종소리 아직도 깊은데
습벽처럼 마음이 무너지는 날,
그립지 않을 만큼 간격을 두고
조붓한 그대의 기억을 걷습니다
가까이 있어 멀리 두어야 할 사람
내 그리워하지는 않을 작정입니다
그 수척한 그리움, 잊고 살아도
고추 꽃잎 수줍게 웃고 있는 날
시침 떼듯 다시 피어날 것입니다

개망초

속도 좋다고?
망국초의 설움 안고서
설상화* 반상화** 지천에
퍼질러 앉아 웃고 있다
딸년 북망산 길에도
사랑이 진 자리에도
천지간에 질펀한 망초꽃
기다림에 허옇게 질려
바람 앞에 엎드려 살아도
자귀나무꽃 부럽지 않다
흔한 꽃 함부로 피었다고?
속없는 소리 마라
마음의 키를 낮추고 보면
지천명의 비봉***임을 알리라
과유불급(過猶不及)!

---

*설상화 : 연자줏빛 흰색 개망초꽃.
**반상화 : 노란색 개망초꽃.
***비봉 : 개망초의 다른 말.

청매화

물 첩첩 꽃 첩첩 남녘 섬진강
첩첩 산허리 피안의 팔십 리 길
첫사랑 품으로 휘파람새가 난다

지리산 자락에서 일어선 바람
하동 송림에서 면벽을 하다가
봄 강의 푸른 유혹 견디다 가는

끝내 섬진강 치마폭을 들추자
산기슭 낯붉히던 꽃망울들
확, 저 먼저 흰 옷고름을 푼다

푸른 꽃받침 위에 절개를 앉히고
순백의 그윽한 향기만 올리다가
난분분한 꽃 사태로 봄을 틔운다

해당화 별곡

시성 자미 두보도
평생 시(詩)로 부르지 않았던 해당화

해조음을 사르던 낙조마저도
미인의 잠결*에 고혹을 느껴
오매불망, 기다림을 살기로 했다

휘파람새 눈부시게 소리를 긋던 날
난바다를 향해 한숨을 흘리던 엄마
모래 섶 붉은 그리움으로 출렁인다

빼꾸기 울음소리 우련한 오이도
염천에서 달군 홍자색 향기를 우려
끝내 회한의 섬에 어머니가 피었다

시의 눈물로 부르는 마지막 사모곡이다

---

* 미인의 잠결 : 해당화의 꽃말.

달맞이꽃

달무리 진 시름 조각을
삯바느질 중인
새벽 한 시의 등잔불

나팔꽃

실눈 뜬 아침 뒷산 언저리
물안개로 몸단장한 새색시가
강섶에서 해바라기를 한다
엉겅퀴 대롱에 목을 기댄 채
하늘을 받들고 사는 향일화
하루를 바쳐 높게 사는 법을
끝내, 스스로 찾아드는 길을
저물녘 온몸으로 보여준다
햇살의 구애 한껏 받고 살다가
꽃으로 지는 법을 그는 안다
오늘의 기다림을 잠가야만
내일의 그리움이 커진다며
하루를 사르는 초연한 낙화
어둠 한입 베어 문 눈썹달이
찾아들어 기다릴 줄도 알고
아침 향기 먼저 피우라 이른다

등나무꽃 달빛 아래
—5월 광주

지당한 함성들이 허공에 피었다

그렁한 육신을 말리며
산울림이 된 외침들이
포도 알갱이처럼 다시 뭉쳤다
진득 화석이 된 혈흔 위에서
폐허의 시간들이 종소리로 운다
달빛 가지에 등나무꽃 걸던 날
함부로 타협한 고단한 주검들이
망월동 표석처럼 저리 서 있다
자식 잃은 바람이 안부를 묻자
목청 잃은 새가 되어
총성 뒤로 숨은 심장을 쪼고 있다
바느질 당한 기억의 도시에서
세월의 앞잡이가 된 나,
명멸하는 진실에 난사를 당했다
오월의 눈빛과 달빛 사이로
자줏빛 함성 카랑하게 필 때

역사의 경계 밖으로

나는, 유배당했다

복수초*

빗장 건 마음을 풀어야 했다

그대를 견디려고
얼음장 속에 뿌리를 내려야 했다
사랑의 슬픈 추억을
봄의 첫 미소로 피우기 위해
겨울의 전설로 복종하며 살아야 했다
앙다문 기다림 단박에 무너진 날,
눈 섶을 들치고 올린 노란 꽃잎들
허공에 그리움을 파종했다
봄날에, 저문 봄날에
그리움의 화보(花譜)를 견주려거든
얼음새꽃, 너에게 먼저 물어야 했다
봄의 화신이 된 설련화, 너에게

---

*복수초(福壽草) : 설련화, 얼음새꽃으로 불림. 꽃말은 슬픈 추억, 봄의 미소.

제2부

데칼코마니
—아버지

아버지는 칭찬도 화를 내며 하셨다
전교 우등상을 받던 날
궐련을 물며 아버지는 혀를 차셨다
"노름판에 논밭뙈기 싹 날려 불고
저것을 어찌 갤켜. 먼 조화여 시방."
눈보라에 빈 장독 홀로 울던 새벽,
몰래 생솔가지로 군불을 때주시며
한숨이 구만구천 두이던 아버지는
자식 사랑도 당신 타박으로 하셨다
사립문 옆 헛청에 나뭇짐을 부리며
시침 떼듯 진달래를 건네주던 당신께
나의 숨김은 하나만은 아닌 듯하다
구들장 틈으로 새는 연기를 참으며
자는 척, 당신의 눈물을 본 것이요
꼭 탁한 아비가 된 나를 본 것이다
아직 서슬 퍼런 지청구는 여전한데
여태 당신 속정까지는 닮지 못했다

오래된 정원

우물가 앵두가 낯을 붉히면
아래 바탕 황새목 둔덕에선
밤꽃들이 한바탕 농을 치고 있었다
그때쯤, 하늬바람 일어서
청보리 알들 영글어 가는데
종다리는 보릿고개를 더 높이 울었다
다랑이 물꼬를 터 빗물을 잡던 날
덜 여문 겉보리로 끼니를 풀칠할 때
하지감자는 엄니의 한철 희망이었다
개울가 콩서리로 해찰만 부리는 자식들
부지깽이도 뛰어다니는 농번기에
당신 애옥살이는 감물처럼 깊어만 갔다
뻐꾸기 울어쌓는 유월, 팔순 엄니의
오래된 정원 같은 곳간이 택배로 왔다
지긋한 보자기에 핀 자주감자 향기며
속을 비워 꼿꼿한 노후 같은 대파,
알싸한 갓김치와 농익은 파김치의 저녁
두멧골 풍경 한 폭에 금세 살림이 환하다

대둔산 사모곡

'아따. 인자 내 발로는 못 오것제'
어머니는 구름다리 운무에 기대
먹먹했던 세월을 혼잣말로 삼켰다
어머니의 사계는 가난이었다
풀대죽을 쑤던 날에도
한문 지식 몇 톨이 전 재산이던 아버지는
외려 엄마를 타박하곤 했다
눈물 소금으로 세끼 간을 맞추고
등골 휘도록 품을 팔아 사남매를 키웠다
평생 40kg를 넘겨본 적 없는 생은
고샅길로 허기진 달빛의 손을 끌며
울먹이는 그림자마저 자식들에겐 감췄다
유일한 슬픔의 비상구였다던 나는,
너무 늦게 엄마의 대둔산을 읽는다
살아서는 다시 못 올 것 같다는 말줄임표로
지천명의 가슴에 회한의 사모곡을 새긴다
짐짓 고개 돌린 마천대*도 멀리 운다

---

*마천대 : 전북 완주군 대둔산 최고봉.

묵정밭이 있는 풍경

구수골 상호 형네 집 지나면 산기슭에 엎드린 밭뙈기가 있다
산벚꽃 화장기 따라 칡꽃이 밭두렁까지 마실 오는 뽕나무밭
강낭콩 줄기 허공에서 졸면 밤나무 뿌리는 둠벙으로 내려가
가재를 쫓으며 멱을 감고 놀았다
가뭄으로 크던 고추밭 비탈에는 산포도와 으름이 천지였고
인적 드문 그곳은 나 혼자만의 보물창고였다
진달래꽃, 찔레 순을 꺾어 물고 고사리를 장에 내는 날
뽕잎 따는 일은 뒷전이고 눈깔사탕에만 온 정신을 팔았다
토골 멍석딸기는 소쩍새 울음으로 익어가고
밭두렁 옥수숫대 단맛은 점점 더 깊어만 갔다
머루가 까매지면 감나무는 가지 끝마다 홍등을 켜고
대추알들을 붉혀 맛이 들게 했다
그때쯤, 밤송이들은 곳간 문을 활짝 열었다
알밤 몇 톨과 홍시로 허기를 채우며 땀을 훔치던 엄마
배고픈 절망이 배불러 올 때
긴 한숨으로 고추를 따던 엄마를 맥없이 불러보곤 했다
몇 해 만에, 그 밭모퉁이로 큰어머니 묘를 잡으러 가는 길
그곳은 길조차 길을 잃어 억새만 무성한 묵정밭으로 서 있었다

인기척 없어 감조차 열리지 않고 밤나무는 진즉 산밤이 되었다
팔순 노모는 산 언저리 양지 녘에 오랜 시선으로 침묵을 묶어 놓았다
내심, 당신이 걸어서는 다시 못 올 곳을 정하신 모양이다
뻐꾸기 울음소리만 공허한 산골짜기,
어머니와 큰어머니의 환영이 아주 오랫동안 흐리게 웃고 있었다
길을 잃어 길을 내며 내려온 길
뒤돌아보니 묵정밭 가는 길이 모두 지워져 있었다
어렴풋이 하늘 가는 길이 보였다

참깨털이

아따,
탁 탁 친다고
잘 털리능 게 아니랑께
요로코롬 툭 툭,
힘을 빼고 털어야 쓴당께

아가,
넘 쎄게 쳐 불먼
깨알이 사방으로 튀어 불고
모가지째로 털려 못 쓴당께

션헐 때 털지 멋헐라고
뙤약볕에 참깨를 턴다요
식전이나 저녁 답에는 못 써야
이슬 땜시 눅눅해서 안 털린당께.

절인 배추

그랑께, 거시기 그 절인 배차는
뽀갠 디를 밑으로 널어야 쓴다잉
그라야 소금기가 쏘옥 빠징께로

어머니와 보릿고개의 실루엣

하필 오늘,
궁핍한 추억이 배달되었다
뒤란 장맛을 달구던 홍매화
이골이 난 가난에 질 무렵
부고처럼 찾아들던 보릿고개
치맛귀로 눈물을 훔치며
아궁이에 꾸역꾸역 지피던
어머니의 춘궁이 배달된 날
하필이면 과체중으로
고혈압, 당뇨를 판정받았다
아직, 풀대죽 맛 도렷한데
애물 꿈자리가 사나웠을까
무시래기, 청국장, 새앙,
산도라지 날로 보낸 뜻
과한 것이 이제의 보릿고개라
보리밭 둔덕 이팝나무 아래
어머니의 치성으로 여태껏
나의 감잣고개는 견딜 만하다

껌정고무신

냇물이 불면 자갈들이 크르렁 댔다
보릿대 물레방아는 물길머리를 잡아채고
머 헐라고 송사리는 잡아 쌌냐며
텃밭 가던 엄니는 연신 혀를 차셨다
엇그제 고산 장날, 고사리 내다 장만해준
고무신 한 짝이 물살에 휩쓸려 가출을 했다
오지게 욕을 먹고도
산 너머 희망의 도시 전주로 순항을 빌었다
엄마의 부지깽이는 외려 가벼웠다
"후딱 찾아 보랑께"
뭣 땜시 풀섶 여치는 울어쌓는지
저녁 무렵 강변을 싸돌다
매 맞은 장딴지 같은 퍼런 개똥참외 알싸한 맛에
머 하러 여까지 왔는지
지는 해도 모르는 척 고개를 갸우뚱거렸다
어머니 시름 속을 아직도 표류 중인 껌정고무신
경천 저수지 나루터에서
빈 배를 잡아놓고 아직도 귀향을 서슴거리고 있다

보릿고개

때 거른 노을이 초가지붕 위에서 졸고 있다
허옇게 밑동을 내보인 쌀독,
소쿠리에 꽁보리밥마저 말라붙은 날
고구마는 동치미 없이도 한겨울 엄니의 희망이었다
토방엔 다섯 켤레의 고무신이
풀대죽 쑤는 냄새에 지쳐 연신 구시렁댔다
부뚜막까지 숨어든 초승달이 저녁 굶은 눈가를 비치면
황급히 고샅길로 달빛의 손을 끌던 어머니
등가죽에 붙은 가난을 한참을 토닥여주다 온 것을
생솔가지 군불 연기로 알아채곤 했다
그런 날엔 행여, 엄마가 돌아오지 않을까봐
싸락싸락 울어쌓는 싸락눈 소리에
웃자란 아홉 살배기 허기진 근심도
그믐밤 내내 문풍지 따라 훌쩍댔다

위대한 진실

혀로 부화된 거짓이 말보다 먼저 길이 되었다

전북 완주군 경천면 용복리 35
수령 250년 보호수 느티나무
세수 81년 피보호자 지채순
거짓이 클 수 없는 나무와 사람의 터

그 길 끝에 엄마라는 돈호법이 항상 서 있었다

어머니의 망부가

한가위 아침 피묵리* 새들은 울지 않았다
장선천 물소리도 가던 걸음을 멈추었다
'그리운 내 님이여 그리운 내 님이여
언제나 오시려나.'
몸이 성치 않아 입춘에 떠난 남편 산소를
처음 찾은 아흔 노모의 비가는 끝났다
한참을 기다려도 남편의 박수는 없었다
"이 노랠 부르면 박수를 쳐주시곤 했단다."
육남매는 눈물로 박수를 치며 입술을 깨물었다
살아 다시는 못 올 비석을 부여잡고
어머니의 눈물로 바치는 마지막 연가였다
한 서린 백년 사랑을 필사조차 못하는데
시인의 그 어떤 사랑의 애달픈 비유가
어머니의 망부가보다 더 차가운 그리움일까
"여보 사랑해요."
짧은 오열 한 문장이
적막한 산중의 눈물을 팽팽하게 당기고 있었다

---

*피묵리 : 완주군 운주면.

4월은 여전히 死월이다

누옥의 행랑살이도
보름 되면 그리움이 차오르고
그믐 되면 기다림이 깊어진다
그리움이 뜨고 지면
강별도 눈시울을 적시는데
4월은 500일을 더 살아내도
여전히 4월을 건너지 못하고 있다
푸른 벽 맹골수로를 넘지 못한
눈물덩어리들만 부초처럼 떠돌고 있다
그늘을 그늘로 채우듯이 흔들림으로,
흔들림의 중심을 잡아야 할 때가 있다
그래서 평형수는 고체가 아닌 것이다
길 잃은 대한민국호의 평형수를
눈물로 채우고도 아직도 뭉긋대느냐
4월은 여전히 死월이다
슬픔으로 미는 평생도 있다

만화방창 웃음꽃 피다

하늘 길 가던 해맑은 영정에
낙화처럼 서설이 날렸다
잎망울 꽃망울 봉긋한 길
봄 강은 눈시울을 붉히고
북망산 새들은 소리를 잃었다
옹이진 우정도 길을 잃었다
촌철살인의 풍자와 해학으로
비양심의 귀싸대기를 갈기며
이승의 막잔을 함께 나눈 너.
웃고 살고자 버둥질치는데
살면서 웃음을 왜 잃느냐고
웃으며 살자던 너는, 지금 없다
산 자는 살기 위해 산다지만
추모사만 따라 우는 나도 없다
한데 두고 온 슬픔에 받쳐
시객의 눈물은 마를 날 없고
1386번, 신체기증서만 남아 아리다
어떤 삶이어야 하는가

지상에 남긴 만화방창, 웃음꽃으로
생과 사의 경계 허무는 세월 삼아
네 그리움을 견디는 법을 궁리한다

---

* 친구인 개그맨 김형곤을 추모하며.

A.D. 첫날

섬광처럼 뇌리에 꽂히는
순간의 음성을 읽었다
땅에 엎드려 이틀 낮밤을
부질없던 생을 내려치며
바울처럼 너무 늦게 울었다
눈물 끝에서 마중한 길
마음의 뜰에 연초록이 돋고
기쁨이 먼저 내일로 피었다
오늘과 같아 일생을 살리라
강하고 담대하게 기뻐 살아
영혼을 적시는 말씀 나르는
새 에덴의 푸른 종이 되리라
너무 늦은 참회로도
나중 되는 생명나무가 되리라
세상의 헛된 것을 죄 버리고
A.D. 2014. 1. 20일 9시 20분
오늘 다시, 생의 처음을 산다

11월

청빈한 햇살이 그늘을 치다가
산등성에 앉아 길을 쉬고 있다

개여울을 헤적이는 소슬바람에
바동대던 감잎의 오래된 궁리,

허공의 푸른 벽을 뛰어내린다

제 소리를 밀며 낙엽을 사르던
종소리도 울음을 그치는 해거름

매미처럼 따갑게 울다

넌, 처음부터 치열하게 울었다

세상을 다 내려놓고 흑암 속에서
뜨거운 항변을 위한 우화를 한다
부화를 생략한 네 절실함이
수수천일을 견뎌온 대가가 고작,
여름 한철을 뜨겁게 살기 위해서였는가
뼈 마르도록 따갑게 울던 눈물의 속내,
이젠 알 법도 하다
짧은 일생 내내 함성을 내지르며
지상에 남겨야 할 푸른 유언이 무엇인지를
사랑 후에 예고된 8월의 이별을 위해
읍곡(泣哭)을 바칠 수밖에 없는 운명론자
알프레드 드 뮈세처럼 밤이면 울었다*는 것
나도 앞으로는 뜨거운 항변을 예비한다
너처럼 생의 한철을 따갑게 운 적이 있다.

---

* 유안진, 「갇힌 자의 자유, 울음」 인용.

제3부

폴라리스

나를 소망한다.

이별 후에도
폴라리스*처럼
다시, 그대를
사랑할 수밖에 없기를
너로 살아지기를

---

*폴라리스 : 별자리가 거의 바뀌지 않는 별.

섬 뜰 마을

모든 스러져 가는 것들은
분명 절정일 때가 있었을 것이다
무갑산 홀딱새 울음소리에
부스스 일어난 섬 뜰* 강물들이
자작나무숲을 걸어 나오는 햇살을 마중한다
그때쯤 아내와 함께
남한강 푸른 백로 소리로 귀를 씻으며
꽃의 고요 속을 산책한다
초롱꽃 종소리 은은한 날
산안개 머리를 감는 강가에서
바람의 장단을 치는 각시붓꽃을 만난다
한사코 새색시의 기별**을 안고 와
베란다에 옮겨 심는 성스런 의식을
아침나절의 호사스런 사치로 즐긴다
순간, 오롯하던 꽃대들
제 몸을 꺾고 잎사귀들 맥이 싹 풀린다
알 것 같다, 무더기로 피어 있던 그 이유
강바람에 서로를 꼭 부둥켜안고

꽃이 질 때까지 서로의 등이 돼 주었음을
다시 붓꽃이 악수를 청할 때쯤
대저, 사람도 꽃들의 어깨가 되어
섬 뜰에 절정의 향기가 굽이치면 좋겠다

---

*섬 뜰 : 광주 도평리(島坪里).
**기별 : 각시붓꽃의 꽃말.

부음

대학 가서 보자던 그가
삼십 년 만에
처음으로 먼저 한 전화
맨 처음 피었다가
마지막 처음으로 진 꽃

섬진강 진달래 섶에서

그리도 더디 오던 그대는
아직도 기별조차 없는데,
지리산 자락 섬진강 뜰엔
봄이 님보다 먼저 와서는
질펀하게 꽃 난장을 치더군
청매화 살바람 품에서 부서지고
산수유는 허공에 꽃등을 달더군
댓바람에 건들거리던 벚꽃잎
별똥별처럼 꼬리를 그리던 날,
사성암을 품고 사는 오산에 올라
진달래 꺾어 물고 선경으로 드는데
화엄사 흑매화 한사코 발길을 잡더군
끝내, 동백마저 지기에
나마저 속가의 삶을 툭, 던지려 했네
이젠 그리움도 안으로만 피워야 할 때
홍매화 빛깔이 깊어 흑매라 하듯
진달래 무너지는 그 길 어디쯤에서
내 그리움도 깊어져 확, 졌으면 좋겠네

겨울 끝에서 부르는 연가

잠시, 길을 잃어야겠다

한사코 꽃눈 틔우는 봄을 위해
선뜻 길을 내어 주는 겨울처럼
가야 할 사랑아
이연(離緣)의 경계 허물고자 나는,
내 사람을 기꺼이 보내주겠다

겨울 강, 평생 짝사랑하던 앞산
야윈 그림자만 드리우고 살 듯
가야 할 사람아
처음처럼 나를 살고자 나는,
내 사랑을 기꺼이 반역하겠다

바람이 부쳐온 그대 소금기로
시침 떼듯 홍매화 다시 터져도
고까운 내 사랑아
시방은 나를 잊고자 나는,

그리움쯤 다시는 발설 않겠다

잠시, 길을 잃어야겠다.

그대의 길

1

화순 백암교회 가는 골목길
웃음을 들고 가는 푸성귀가
비닐봉투 안에서 왁자하다
은밀한 사랑을 뒤춤에 꽂고
로즈마리 닮은 이모네 안부 차 간다
온 동리에 섬백리향 향기를
교회 종소리에 실려 보내는 그녀는
텁텁한 날이면 찾는 또 다른 엄마다
홍매화 난분분한 청보리 둔덕에 누워
애물 딸에게 바라는 까치발의 염려
불효의 무늬들이 천리향처럼 번진다

2

변산반도 모항 가는 해안도로
엄마의 생처럼 굽이진 길들이
바람의 정원* 달무지개 아래
먹먹한 소금기를 펴 널고 있다

갯물이 날 때쯤, 모녀의
눈물 또한 썰물이 되어서
개펄 위에 파닥이던 슬픔을 끌고 간다
해조음에 기대 혀를 차던 별들이
먼빛으로 그녀가 훔치는 그렁한 웃음을
짐짓, 못 본 척 들물로 바느질하고 있다
바다는 슬픔을 깁기 위해
온밤을 철썩인다

3
이 길의 끝도 처음이다
저 파도의 오롯한 무릎 꿇음
밤바다의 쓰린 상처를 들치고
사랑은 고요한 느낌표로 젖어온다
미세기 같은 들숨 날숨에
홀어머니 걱정은 여전하다
여인은 뜨거운 항변을 삼키며
난바다를 걸어오는 사랑을 감춘다

그대의 간절한 묵도가
더는 울고 싶지 않다는 절망일지도 모른다
필시, 절망마저도 사랑하는 사람이 있다

---

*바람의 정원 : 부안 모항의 펜션.

새벽 바다에서

그대를 너무 멀리 울었다

이연의 겹 슬픔 에우려고
물마루 흰 갈기를 넘는데

갓밝이 파도의 가슴팍에
설핏 내비치는 핏방울

괜찮다고, 소금기로 가시면
아려도 그대만 잊힌다면

그대를 너무 멀리 울었다

정동진에서 울다

파도는 스러져도 잠시,
바다에 엎드려 출렁일 뿐
함부로 눈물을 흘리지 않는다
여명이 수평선을 긋는 새벽,
첫 햇살을 들치고
기차는 해안선 위를 질주하고
자꾸만 소용돌이치던 나는,
그리움의 포말로 부서진다
내 가슴팍을 각치던 사랑이
해일처럼 마음을 꺾는 날,
호명되지 않은 겹 슬픔들은
이연(離緣)의 바다에 너울대지 않기를.
외갈매기 울음 쇠어
정동진 멍울이 깊어지는 날,
속울음 간신히 추스르고
해오름 속에 말리는 소금기가
마지막 너의 회억(回憶)이었음 좋겠다

곶갓

아직도 나는
사랑이 쓴 시(詩)를 읽을 줄 모른다

그대라는 아득한 불립문자를

첫사랑

첫눈 내리던 날 찾아온 너
첫눈이 녹기 전에 떠났다
눈 쌓인 산의 품에서
이별의 문장을
끝끝내, 완성하지 못했다
그대를 보냈지만
사랑을 탈고하지 못한 가슴에
첫눈 또한, 영원히 녹지 않았다

별루, 다시 선운사에서

그대가 잊히면 좋겠다.

배롱나무 달빛을 부여잡고
그대를 치열하게 울다 가는
선운사 속단풍 하도 고와
퍼질러 앉아 또 한참을 울었다.

잊어야 한다면 잊히면 좋겠다.

치열한 사랑

참매미 울음소리
왁자하다 나무라지 마라
면벽 수수천일
암흑 속에서 피울음을 틔웠다
지상에 남겨야 할 푸른 유언
짧은 사랑의 상속자를 찾는다
시한부 방성통곡
최초이자 최후인 너를 부른다
치열한 이별가다

향기 나는 사람이고 싶습니다

젖몸살을 앓는 자목련 그늘 섬에
부려놓은 마음이 먼지 같은 날
노고지리 울다 간 자리 더는 쓸쓸한 오후
기별도 없이 소싯적 벗이 찾아왔습니다
산벚꽃 안주 삼아 한잔 술 치다 보면
거나해진 석양은 서산마루를 뉘엿거립니다
말없이 어둠을 따라 마시다가
문득, 불콰해진 옛 이름 하나
달무리 진 술잔에 자꾸만 일렁이는데
습관처럼 기약도 없이 되갈 길을 잡습니다
'이젠 그리움도 안으로만 이고 살게나.'
꽃잎 지는 처음이 허공의 경계이듯
내 그리움의 경계를 슬쩍 타박하는 심우*
기다림조차 향기 나게 살고픈 봄밤입니다

---

*심우(深友) : 애칭 '청계산 시인' 이재춘.

쓸쓸함, 그 견고한 외로움

첫눈이 감꽃처럼 부서지는 오후,
이미 성긴 추억을 쓰다듬으며
햇살이 실개울을 건너고 있다
쓸쓸함 뒤에도 햇살은 스러지고
대숲에 이는 바람소리에도
새들 견고한 고독을 차고 오른다
순간, 신기루 같은 이별 꽃 핀다
세월의 둔덕 위에도
산다화는 오롯이 지고 피는데
사랑의 현은 왜 파장이 짧은가
이별 앞에서 왜 반사되지 않는가
사랑보다도 영원한 세월 뒤로
사라진 뒷모습들을 불러본다
분분한 사연마저 흐린 날,
저물녘 겨울 강가를 서성이던
견뎌온 사랑은 먼저 떠나버리고
어떤 사랑이어야 하는가를 나는,
오늘사 알았다

한여름 직선의 햇살보다
초겨울 굽은 햇살에 눈이 더 시린 건
가만있어도 눈부신 슬픔 때문인 것을
이제사 알았다
내 쓸쓸한 날,
이별의 간이역에 꽃등을 내걸고
궁핍한 외로움, 그대처럼 마중하리라

女寶, 如寶

은은한 달빛의 귀엣말처럼
바람이 닿으면 저절로 울리는 에올리언 하프처럼
그냥 참 좋은 속삭임 '여보'
내 사랑을 켜는 종소리처럼
스스로를 깎는 보석의 명징한 울음소리처럼
그냥, 참 좋은 울림 '여보'
당신의 다감한 눈빛으로 열리는 아침
수런거리는 새들이 꽃을 들고 창문을 두드립니다
"여보 장미가 피었어요."
저 큰 삶 등성도 단숨에 밀고 갈 것 같은
참 기분 좋은 떨림 '여보'
여보라 부르는 입술이 꽃잎이 되어 자꾸만 싱긋거립니다
당신, 참 향기로운 제 삶의 뜨락입니다
당신, 참 보배로운 제 생의 如寶입니다

그대에게 가는 길

산국 향 풀리는 길모퉁이
내 안을 까치발로 서성대던 초침이
아주 오래된 습관처럼 잠들었습니다
쑥부쟁이 그리움에 치인 날
애초 가야 할 때를 알고 있던 가을의 소요(逍遙)
그대에게 닿는 길 제게 물을 수 있겠습니까?
그대 사랑 끝내 되드는 날까지
간단없이 그대의 먼 기다림을 살겠습니다

기다림이 풀리는 새벽 강
동백꽃 지는 겨울 끝자락에서
강 별들이 그리움을 개고 있습니다
내 마음속으로 흐르는 길을
물안개로 덮어놓은 어스름 새벽의 고적(孤寂)
그리움이 없다면 기다림을 살 수 있겠습니까?
그대 사랑 내게 번지는 날까지
내일마저 어제처럼 긴 기다림을 살겠습니다

천년의 길

골목길 걸어 나온 담벼락에
무장무장 제 몸 불려낸 틈
그 틈새로 민들레 아득한 홑詩 피고
수수천일, 참매미 짧은 울음이 걸어온 길

제4부

소리꾼

한이 깊어야 소리를 이룬다
닷 말을 토혈하고
소리를 얻기 전까지는
사랑쯤 내려놓고 나는 울리라
소리와 아니리*로 길을 부르면
발림**에 사철 꽃들이 피고 진다
초로에 갓 득음한 소리꾼
홍매화 섶에서 사랑을 외친다
그 얼음 알갱이 같던 사랑
북, 북, 북소리로 절규하다가
창인의 핏소리로 차고 오른다
절창으로도 지우지 못한 염(念),
끝내 한의 흰 뼈가 되어
바람의 북채 장단을 잡아도
봄 강엔 분분한 소문만 흐른다
별리 찾아 석양마루를 넘는 길
소리 한 대목이 먼저 주막에 든다

---

*아니리 : 이야기하듯 엮어 나가는 말.
**발림 : 몸짓이나 손짓. 너름새.

귀로 웃는 스승

기억 저편,
또 다른 기억이 있을 법하다
천상의 그 어디쯤
내 졸필을 일갈하실 이소(耳笑)*
세상의 행간에
더는 저장할 공간이 없어
스승의 전화번호를 지웠다
마지막 유품을 정리한 오늘
날선 문자들이 항변을 한다
호흡이 너무 길다고,
시(詩) 정신만은 놓지 말라던
카랑한 가르침이 작달비로 내린다
회초리라도 진종일 맞아서
지천명이나마 제 뜻대로 읽어
행 갈음이라도 해야 될 텐데
나는 아직도 시, 너를 모른다
기억 저편에서 스승은
모사뿐인 이 내 시(詩)살이를

짐짓 못 본 척,

귀로 웃고 계신다

---

* 이소(耳笑) : 미당 서정주가 지어 준 임영조 시인의 아호.

푯대를 세우다

눈 덮인 새벽길을 내는
이름 모를 새들에게 묻는다
세상의 아침을 깨우는
천상의 목소리를 누가 주었느냐
얼음 새에서 해죽이는
복수초, 너에게 묻는다
누가 푸석한 겨울의 뜰에
고혹한 향기를 앉혀 주었느냐
봄날의 들꽃들 꽃차례처럼
수수천년 길 잃지 않도록
해마다 그 자리로 불러 주는 이
그 오롯한 향기와 아름다움을
세상의 정원에 부어 주는 이
여태껏 나는, 모르고 살았다
너무 늦게 나에게 묻는다
사람 세상에 처음과 끝이 있느냐
당초 내가 정한 삶은 없었다
작고 하찮은 것조차 그 자리에 놓아

세상을 선물한 당신께 감사할 뿐이다
감읍한 말씀을 푯대로
겸사와 감사로 나중 된 자로 승리하리라

시의 부고

율동공원 입구, 채 영혼이 떠나지 못한 비릿한 핏기가 널브러져 있다. 날카로운 발톱으로 살육의 문자를 들판에 새기던 너의 오만과 광기는 어떤 항변도 모른 척했다. 배고픈 살기만 위태롭게 갈다가 결국, 마지막 차선 하나를 건너지 못했다. 죽어가는 고양이의 남은 생명줄 위를 질주하는 타이어의 굉음. 사차선 캔버스에 물컹한 피로 그린 자화상마저 뭉개버리는 세상의 질주. 아침 산책길에서 내 묘비 위에 새겨질 문자들을 조합해본다. 육신의 생즙을 기꺼이 내주고 이미 편육이 돼버린 사랑마저 저격한 너. 밀렵꾼처럼 은밀한 올무를 쳐놓고 또 다른 문자로 사랑을 음모한 너 또한, 너무 늦게 살해당했다. 사인은 그대의 빈칸을 채우지 못한 미필적 고의다. 스스로를 저격한 죄명은 괄호나 말줄임표 혹은 무혐의 마침표가 될 것이다. 눈물은 남겨진 자의 사치스런 상징이나 부호는 절대 아니다. 꿈을 유린당한 사랑이 자살로 항변한 문자가 시의 눈물이다. 시인의 칼로 들고양이의 유언을 새기지 마라. 사차선 행간 속에서 사지가 발긴 건 오히려 너였다. 고양이처럼 객사한 혹은 자결한 시어(詩語)들이 가난의 뼈로 쓴 시, 시의 부고가 내일 그대에게 배달될지도 모른다.

노을이 쓴 시

영광 백수면 배롱나무 해안 길
흑백 필름 직직대는 염전에서
굵은 소금 땀을 말리던 바람이
노을 전망대에서 길을 쉬고 있다
갈매기들이 바다 끝을 마주잡고
힘껏 당겨 원고지를 펼쳐놓자
낙조의 붓끝에 걸려드는 시편들
개밥바라기*도 잠시 내려와서
철썩철썩 너울의 운율에 맞춰
바다를 넘기며 시를 읽고 있다
초승달을 켜놓고
개펄의 나신을 훔쳐보던 파도가
흠칫 놀라 풀썩 주저앉는다
먼 데서 오던 구름이 달빛을 끈다
서해 칠산 밤바다는
스스로 철썩여 벼린 소리로
노을이 쓴 쪽빛 파랑 시집이다

---

*서쪽 하늘에 보이는 금성.

모란장 대폿집

파장 뒤 모란시장 어귀
시장기가 돌면 청어의 다비로
북적대는 대폿집이 있는데요
출출한 하루의 생목을 축이며
걸쭉한 입담 서로 권하다 보면
자리가 없어 눈치가 보이는 집
산 두릅 떨이를 목청껏 외치며
봄볕에 그을린 검정콩 몇 되를
하루 품으로 내던 능골 할머니
텁텁한 생, 대폿술로 가시네요
곤 계란을 아시나요, 단돈 천원
제 살 태운 청어 안주, 삼천 원
닷새 장 기약하다 막차가 떠나도
주름 깊은 쌈짓돈 함께 마시던
여우비에도 천정이 새던 그 집,
십년 단골집 누런 합판 벽에는
너나없이 거나한 이들 보란 듯이
'군자는 절교 후에도 악평을 하지 않는다'며

코웃음을 치고 있네요
얼큰한 저잣거리 교교한 달빛도
혀 풀린 웃음 등을 떠미는 파장
작대기 장단에 외려 흥이 절로 나서는
비틀거리는 어둠 한 짐을 짊어지고 가네요

명태, 너처럼

너의 생애는
태백의 주목을 닮았다
살아 천년
죽어 천년을 산다는 나무

주검 앞에서
몸값이 최고인 너는 생태
죽어 동태라도
제값은 받고 화형 된다고

하루를 북어처럼 말리다
어둠의 생물이 된 나,
문자로 그물을 쳐놓고
황태구이에 동동주를 친다

껍데기만 숯이 된 시객이
항간의 여백에 불을 지핀다
화로 위의 황태, 너처럼

침이 고이는 시 한 편 굽고 싶다

시의 부음으로 거나한 밤
함부로 산 시(詩)살이 끝낸 뒤
명태, 너처럼 제 값은 했었다고
입맛 돋웠던 생으로 읽어지기를.

가을 산행

청계산 단풍이 거나하던 날,
빗소리를 실어 나르던 바람
쑥부쟁이 품에서 길을 잃는다
꽃잎의 현을 켜던 빗방울들
실바람 소매 깃에 얼굴을 묻고
가을의 전설을 악보에 옮긴다
비와 가랑잎과 나그네의 음률로
허공의 푸른 종소리가 단풍 든다
너를 살아가는 우리도
나를 단풍 들이는 그대도
빗속 산행만은 침묵이 소리다
때론, 시인도 길을 잃어
청계산 치마폭에 은적(隱迹)하고 싶다
뭇 별도 시를 쓰는 옛 골 어디쯤에

금연(禁煙)

친구를 잃어도 봄은 오고
사랑을 앗겨도 꽃은 피더라
홍건한 인연 하나 내려놓는 일
심장에 박힌 옹이를
비수로 도려내듯 난삽하더라
짐짓 딴청 부려도
그대는 잊고자 떠났겠느냐고
나를 부리면 그만일 습관이여
옳거니, 연을 끊는다는 것
금연(禁煙)이든 금연(禁緣)이든 간에
잘 길들여진 습관 하나 버리는 것
지독한 금단을 앓고 난 자리
상사화 흔들리며 피는 이유
네가 아닌 나라는 걸 알았더라

황정산에서 길을 묻다

사람들은 왜 모를까
돌아서면 뒷모습도 스스로의 것임을
해질녘 겨울 강가에
산 그림자만 홀로 두고 간 사랑도
사람의 간격이 만든 자화상인 것을

산을 지고 산에 오른다
다가서기 전에는 결코,
아무것도 내보이지 않는 산
그 길의 은유 속으로 들어선다
내게로 드는 길을 찾으러 간다

가파른 비탈에서 손을 내미는
고목의 둥치와 여린 풀포기들
바위틈과 작은 디딤돌 하나가
자신의 마지막 명줄이라는 것을
사람들은 왜 모를까

바위 능선에 앉아 어제를 넘겨본다
내 사랑은 늘 뒷모습에 흐느꼈지만
황정산은 뒤태가 더 고운 여인 같다
발자국 따라온 길에게 길을 묻는다
작고 하찮은 것들의 길이 되는 법을.

잡목

매양 바윗골
벼랑 끝에 외발로 서서
이마에 진땀을 흘리고 있다
골절 당한 뿌리로
평생 바위틈을 비집다가
차가운 심장에 잎이 돋던 날
뒤틀린 잡목임을 알았다
호젓한 산길에 기대앉아
절벽 아래 시름을 놓는데
얼기설기 얽힌 핏기가 보였다
잔뿌리 실핏줄 속을 흐르며
천년 바위를 다잡는 저 악력
드러내지 않는 절개(節槪)로
음지의 절개(切開)를 메우는
대가없는 고단한 노동이구나
이름 모를 잡목(雜木) 앞에서
세상의 잡목(囃木)이 된 나,
함부로 어둠의 뼈가 되고 싶었다

＊雜 : 섞일 잡, 囃 : 부끄러울 잡.

귀천 소풍

지리산 소풍을 간다
눈과 귀를 가시러 중산리 계곡에 간다
문자로 함부로 지은 죄
씻은 듯 부신 듯 첫 마음을 헹구러 간다
청대 섶 귀천시비가 대붕처럼 날아오른다
이내, 운해를 들치고 내려오는 천왕봉
두류산 자작시를 큰물 소리 내며 읽는다
귀천이 여기 사는 이유며
소풍객 잦은 까닭 이제사 알 법하다
만천백일흔둘의 문자로 그린 시월
세상의 여백은 단풍 든 시로서 충분하다
내 시(詩)살이 끝내는 날
한 마리 청새 되어 귀천 길 노래하며 가리라

---

*두류산은 지리산의 다른 이름.

복어 화석, 시(詩)의 뼈가 되다

내 시 같은 아련한 풍경이 눈을 뜬다
액자 속으로 걸어 든 시가현의 아침은
전주 한옥마을처럼 목가적인 풍경이다
새삼 타국에서 남루한 필력을 들춰본다
49년 동안의 허물이 지천명에 보이듯
이녁도 믿음의 길을 나중 알고 나서야
자음뿐인 시편들을 죄다 버렸다
봄이 피고 낙엽이 부르는 유행가처럼
나의 시는 오선지 위를 벗어난 적이 없었다
위태로운 객기만 부리던 스물다섯의 혀,
그 난삽한 문자들이 시의 덫에 갇혀 있다
지구본 위에 서울올림픽을 게양할 무렵
함부로 가출한 문자 몇 톨이 첫 시집이 되었다
먼지를 털어보니, 한철 방황의 길독으로 쓴
울림도 없는 관념의 나열뿐이었다
자식도 되지 못한 시 한 수 사정해놓고
바지를 추켜 올린 졸작들이
변두리 유곽에서 술잔을 치는 헛웃음처럼

고작, 본관도 모르는 서출 같은 졸시였다
심한 주사 같은 시력을 뭉뚱그려 물을 내렸다
깻잎장아찌가 서로 붙어 잘 일어나지 않을 때
밑장을 지그시 눌러주는 은은한 사람처럼,
나도 은은한 시 한 척 띄워 그대에게 닿고 싶다
문자를 행음한 차가운 불꽃같은 내 詩살이
김순진 시처럼 식후에도 입맛 다시는 그런,
육화된 시로 첫 시작(詩作) 종소리를 울리고 싶다.

---

* 김순진 시인의 시집 『복어 화석』을 읽고 몇 곳 인용하다.

가시연꽃
—고 정고휘 형에게

어둠의 정원에 비가 내립니다.
바윗돌을 짊어진 풀씨 한 톨,
빗물의 발길을 불러 제 몸을 불립니다.
난바다를 향하는 물길 품속으로
자진하여 흐르는 흙의 눈망울들
쓸린 가슴팍에 꽃씨를 끌어안습니다.
마음이 흙탕물처럼 가라앉는 날,
제 그늘에 가린 물풀의 등을 다독이는
가시연처럼 올곧은 선비가 그립습니다.
생의 옹이진 질곡이나 파란의 족적쯤,
진흙 속에서 오롯이 헹구어서는
자줏빛 향기로 연꽃을 올리는 사람.
청대보다 더 청청한 선비 가문이지만
흙을 향해 허리를 굽힐 줄도 알며,
곡차 한 잔에 시 한 수쯤 띄울 줄도 압니다.
삶의 지혜 선뜻 나눠주고 빈손으로 걸어도
야화 향기 품은 달빛 한 냥 걸어두고
당신 안의 가시마다 연꽃을 올리는 안빈낙도.

사람의 이름으로 닮고 싶은 형입니다.
마음에 이는 세속의 검불 다 태우고
더 나중까지 아름다운 동행으로
꽃씨 한 톨 불려 부용을 피우려 합니다.
선비의 향 그윽한 그런 꽃봉을, 그런 나를.

나의 生

만천백일흔둘의 문자로
못질도 없이 짓는
박꽃 뜬 초가 한 채
대저, 나의 시(詩)살이는

해설

꽃과 가족과 연인 그리고 시(詩)를 위해

이승하 시인·중앙대 교수

시인에게 꽃은 어떤 의미로 다가오는 것일까. 아마도, 시의 역사가 시작된 이래 꽃만큼 많이 시의 소재가 된 것도 없을 것이다. 시인 묵객에게 꽃은 막막한 그리움과 하염없는 기다림의 상징이었고 열렬한 사랑과 서러운 이별에 대한 은유였다. 우리는 장미 하면 릴케를, 국화 하면 서정주를 떠올린다. 봄만 되면 우리 귓가에 들려오는 노래 "봄이 오면 산에 들에 진달래 피네"는 김동환의 시고 "목련꽃 그늘 아래서 베르테르의 편질 읽노라"는 박목월의 시다. 김원식도 국내 시인들 가운데 꽃을 즐겨 노래하는 시인 중 한 사람이다.

치열하다
참매미 목쉰 울음소리

교교한 달빛 끌어 덮고
배롱나무꽃 숨이 차다

우두망찰 서 있는 그대여
꽃무릇 눈두덩이 터진다

—「가을 서곡」 전문

가을은 어떻게 시작되는가. 참매미가 여름이 가고 있다고 온몸으로 울어대기도 하지만 시인은 배롱나무꽃이 교교한 달빛을 끌어 덮고 숨이 차 하니 가을이 온 것으로 여긴다. "우두망찰 서 있는 그대"는 배롱나무이리라. 아니면 화자의 연인으로 간주해도 무방하겠다. 꽃무릇은 백합과의 여러해살이풀로 7~9월에 담자색 꽃이 핀다. 꽃무릇의 눈두덩이 터지든, 꽃무릇을 보고 눈두덩이 터지는 아픔을 느끼든, 가을이 이제 막 시작됨을 시인은 참매미의 목쉰 울음소리와 배롱나무꽃과 꽃무릇이 피어 있는 것을 보고 느꼈다는 것이니, 자연의 변화에 민감한 시인의 감수성을 엿볼 수 있다. 자목련을 다룬 두 편의 시를 보자.

목적어가 필요 없는 꽃봉은
수식어 같은 이파리도 사치다
오직 사모, 주어만 필요하다
허공의 행간을 겨우내
서리꽃 목필로 채운 뜻,

숭고한 사랑의 징표 때문이리라
황홀한 수줍음 여전한 너,
두 손 번쩍 들고 마중하다가
4월 첫 자리에 홍자색 연정
죄 엎지른 네 설렘을 알겠다
자지러지듯 고혹적인 점등식
혼절한 단문, 자목련을 읽는다

—「자목련을 읽다」 전문

자목련 자체가 한 편의 시다. 목적어와 수식어가 필요 없는. 주어는 사모(思慕)다. 시의 소재는 자목련이다. 자목련은 "숭고한 사랑의 징표"이면서 "홍자색 연정"을 뜻한다. 봄이 왔음을 알려주는 전령사인데, 시인은 "자지러지듯 고혹적인 점등식"을 보고 "혼절한 단문"인 자목련을 읽어낸다. 아니, 자목련을 읽고 혼절하고 만다. 오직 꽃봉 하나로 할 말을 다하는 자목련이 엎지른 죄가 무엇일지, 상상의 공간이 확대된다. 죄와 설렘을 동반한 채 아슬아슬한 경계를 밟는 곳, 시인은 그 지점을 자목련의 몸을 빌려 다녀왔다. 그러기에 자목련을 한 편의 시로 둔갑시키는 놀라운 분장술을 보여줄 수 있는 것인데, 4월 자목련 꽃그늘 아래서 다음과 같이 시상을 떠올리고 시를 쓴다. 이번에는 자목련이 진다.

자목련 툭, 지는 날
너무 늦게 나에게 묻는다
네 마음의 묵정밭엔
무엇을 파종할 것이냐
저문 바람이 뿌린 시(詩) 한 톨
허공의 정원에 살별로 뜬다

—「4월 꽃그늘 아래서」 전문

자목련이 지는 날, 자문해본다. 꽃도 졌는데 화자는 이제 마음의 묵정밭에 무엇을 파종할 것인가. 바람이 뿌린 시(詩) 한 톨이 "허공의 정원에 살별로 뜨"니, 화자는 시를 쓸 수밖에 없다. 언제나 곁에 있을 것 같던 존재가 사라지자 시인은 빈자리를 절감한다. 그리고 자신의 마음 또한 비어 있다는 자각, 그곳에서 싹 틔울 한 톨의 시가 절실해지는 이유다. 4월의 꽃그늘 아래에서 맞이한 밤, 밤에 할 수 있는 유일한 일이 바로 시 쓰기다. 오이도에 가서 해당화를 보고는 "시의 눈물로 부르는 마지막 사모곡이다"(「해당화 별곡」)라고 한 것도, 시와 꽃을 동일시한 시인의 자연관 덕분일 것이다. 시는 시인의 창조물이고 꽃은 신의 창조물이다. 시인을 짧게 발음하면 신이 되고 신을 길게 발음하면 시인이 된다.

세상의 낮은 곳에만 켜는 하얀 꽃등은? 민들레다. "달무리 진 시름 한 조각을/삯바느질 중인/새벽 한 시의 등잔불"은? 달맞이

꽃이다. "등 굽은 달빛이 물 위에 그린 자화상"은? 이것도 달맞이꽃이다. "삼동에 속곳이 비치도록/붉게 우는" 꽃은? 동백이다. 이와 같이 꽃에 대한 해석이 아주 재미있다.

갈 곳 없는 봄날
수런거리는 앞산에 들었습니다
농을 치는 조팝꽃 난장에
온통 넋이 팔려 있을 때
전화가 온 건 그때였습니다
'고추 꽃잎은 몇 장이야?'
참 뜬금없는 살가운 안부입니다

—「고추꽃처럼 피어나다」 전반부

여기까지 읽을 때만 해도 무슨 말을 하고 있는지 잘 모르겠다. 수런거리는 앞산에 든 존재가 고추인 것 같은데, 조팝꽃이 "고추 꽃잎은 몇 장이야?" 하는 말로 안부를 물었다는 것인가?

건들건들 태연한 척 살아온 날들
비련의 종소리 아직도 깊은데
습벽처럼 마음이 무너지는 날,
그립지 않을 만큼 간격을 두고
조붓한 그대의 기억을 걷습니다
가까이 있어 멀리 두어야 할 사람

내 그리워하지는 않을 작정입니다
그 수척한 그리움, 잊고 살아도
고추 꽃잎 수줍게 웃고 있는 날
시침 떼듯 다시 피어날 것입니다

—「고추꽃처럼 피어나다」 후반부

고추 꽃잎이 의인화되어 있다. 그 꽃이 조팝꽃을 닮았기에 이 시의 의미는 깊어진다. 숲속에 들어서야 볼 수 있는 꽃, 시인이 사는 곳과 적당한 거리에서 피어나는 꽃이 조팝꽃이다. 그리운 사람이기에 오히려 간격을 두어야 하는 현실을 조팝꽃에 비유하였다. 텃밭에 심은 고춧대에 고추꽃이 핀 날 문득 고요한 숲으로 가 조팝꽃을 혼자 만나는 마음이 애잔하다. 수줍게 웃고 있는 고추 꽃잎처럼 시침 떼듯 다시 피어날 것이라고 하니 관계의 회복을 간절히 원하고 있는 화자의 심사를 읽을 수 있다. 그러므로 "가까이 있어 멀리 두어야 할 사람/내 그리워하지는 않을 작정입니다"는 아름다운 역설이다. 이제 제4회 천상병 문학제 〈귀천문학상〉 수상작을 보자.

오메, 징한 것
세곡동 사거리에 꽃마을이 있는데요
백목련 자목련은 속곳 벗고 허공에 들었고요
개나리 진달래는 하필 능 섶에 늘펀히 있다요
아따, 그뿐 아니고요

홍매화 살구꽃은 앞니 훤한 어르신 뜰 앞에서
홍홍홍 웃음을 참느라 키득대고요
첫 햇살로 세안한 연초록의 구애에 나는,
이내 자결한 향기처럼 길을 잃고 말았는데요

인생사 일장춘몽, 연신 혀를 차시던 할매
화무십일홍, 흰머리 소년과 바람이 나서는
이 잡것들아 거시기
그래도 봄날, 꽃 사태는 보고 살라 딴청이네요
근디 이건 또 머라요
산모롱이 저 함초롬한 꽃다지며 민들레꽃
해필 개나리 앞을 까치발로 서성대는 이유며,
자목련 그늘 아래 제 자태를 뽐내던 제비꽃
뒷감당 어쩌려고 색깔로 견주자 깐죽대는지요

이렇게 대책 없는 봄날,
영산홍 치마폭을 한사코 들추던 지빠귀들이
봄날의 금침 속으로 날아간 뒤, 저마저
춘정을 끌어 덮고 작심하고 누워버렸지요
인자는 님도 몰라요
행여, 제가 그립다면 사월의 사거리로 오셔서
한 열흘 곁에 누워 그냥, 꽃 이름도 묻지 마세요
바람의 손으로 꽃잎을 내리는 날까지
꽃동산 난장 아래 사랑도 詩도 잠시 내려놓자고요

—「사월의 사거리를 아시나요」 전문

세곡동 사거리의 꽃마을에 온갖 꽃이 다 피어 있다. 흔히 하는 말을 빌리자면 '앞을 다투어' 피어 있다. 사계절 구분이 뚜렷하던 시절에는 시간을 따라 차례로 피어나던 꽃들이 요즘에는 불꽃 터지듯 한꺼번에 피어난다. 그런 거리에 생기와 활기와 관능과 천진스러움이 넘친다. 게다가 막 돋아난 연초록 잎의 구애에 시인은 그만 길을 잃는다. 새로운 것에 대한 이끌림, 그때 짐짓 길을 잃고 꽃을 찾아가는 나비처럼 좀 비틀거린들 어떠랴. 봄꽃들의 홍성거림에 같이 취해본들 어떠랴. 그러나 한편에서는 봄꽃을 보면 더욱 서러운 이도 있을 것이다. 인생의 종착역을 향해 가고 있는 사람이라면 '이 꽃을 몇 번이나 더 볼 수 있으려나' 하면서, 봄을 맞이한 것이 서러울 것이다. "인생사 일장춘몽"이라며 연신 혀를 차던 할매는 "이 잡것들아 거시기" 하면서 꽃들을 애써 외면하려 든다.

시인이 사월의 꽃마을에서 느끼는 것은 생명체들의 생명력이다. 암과 수가 만나서 관계를 맺고 번식을 하는 것은 생명의 이치다. 그런데 시인은 꽃들과 새들이 한껏 생명력을 뽐내는 꽃동산 난장 아래 사랑도 시도 잠시 내려놓고 꽃구경이나 즐기자고 한다. 하지만 세상의 모든 꽃이 다 생명력의 상징이 되는 것은 아니다. 가시연꽃을 보며 고인이 된 어떤 분을 생각하기도 하고 등나무꽃이 핀 밤에 5월의 광주를 생각하기도 한다.

지당한 함성들이 허공에 피었다

그렁한 육신을 말리며
산울림이 된 외침들이
포도 알갱이처럼 다시 뭉쳤다
진즉 화석이 된 혈흔 위에서
폐허의 시간들이 종소리로 운다
달빛가지에 등나무꽃 걸던 날
함부로 타협한 고단한 주검들이
망월동 표석처럼 저리 서 있다
자식 잃은 바람이 안부를 묻자
목청 잃은 새가 되어
총성 뒤로 숨은 심장을 쪼고 있다
바느질 당한 기억의 도시에서
세월의 앞잡이가 된 나,
명멸하는 진실에 난사를 당했다
오월의 눈빛과 달빛 사이로
자줏빛 함성 카랑하게 필 때
역사의 경계 밖으로
나는, 유배당했다

—「등나무꽃 달빛 아래」 전문

어느덧 35년 전의 일이 되었다. 시인은 광주 시내 등나무 달빛 아래서 그날의 함성을 떠올린다. “화석이 된 혈흔 위에서/폐허의 시간들이 종소리로 운다”고 하니 세월이 많이 흘러갔음을 알 수 있다. 하지만 화자는 진실이 제대로 밝혀지지 않은 채 세월만 흘러온 데 대해 안타까움을 느끼고 스스로를 책한다. 등나무꽃 하나하나는 그렇게 사라져 갔던 목숨들이라 할 수 있을까? 어느덧 역사가 된 비극을 등나무꽃 달빛 아래서 곱씹어보며 가슴을 치는 시인의 역사의식에 동참하게 된다. 「개망초」「청매화」「나팔꽃」「복수초」도 편편이 의미가 깊지만 「섬 뜰 마을」 같은 작품은 서정과 서경이, 인간과 자연이, 꽃과 꽃말이, 뭍과 바다가 조화를 잘 이루며 펼쳐져 있어 잔잔한 감동을 준다. 이런 시야말로 순수서정시의 모범이라고 할 수 있지 않을까.

모든 스러져 가는 것들은
분명 절정일 때가 있었을 것이다
무갑산 홀딱새 울음소리에
부스스 일어난 섬 뜰 강물들이
자작나무숲을 걸어 나오는 햇살을 마중한다
그때쯤 아내와 함께
남한강 푸른 백로 소리로 귀를 씻으며
꽃의 고요 속을 산책한다
초롱꽃 종소리 은은한 날
산안개 머리를 감는 강가에서
바람의 장단을 치는 각시붓꽃을 만난다

—「섬 뜰 마을」 전반부

무릉도원이라고 할까 별유천지라고 할까, 이 세상의 풍경이 아닌 것 같다. 온갖 꽃들이 피어 있고 물소리, 새소리, 바람소리, 백로 우는 소리가 환상적인 화음을 이룬 곳, 그곳에서 화자는 아내와 함께 "남한강 푸른 백로 소리로 귀를 씻으며/꽃의 고요 속을 산책한다". "사람도 꽃들의 어깨가 되어 섬 뜰에 절정의 향기가 굽이치면 좋겠"지만 그 꿈은 남가일몽이리라. 하지만 인간은 꿈을 꿀 줄 알아야 한다. 시를 통해 꾸는 꿈, 그 꿈을 혹자는 백일몽이라고 하겠지만 우리에게 그런 꿈이 없다면 낙타 없이 사막을 걷는 것이다. 꽃도 못 보고 봄을 넘기는 것이나 마찬가지다.

아버지는 칭찬도 화를 내며 하셨다
전교 우등상을 받던 날
궐련을 물며 아버지는 혀를 차셨다
"노름판에 논밭뙈기 싹 날려 불고
저것을 어찌 갤켜. 먼 조화여 시방."
눈보라에 빈 장독 홀로 울던 새벽,
몰래 생솔가지로 군불을 때주시며
한숨이 구만구천 두이던 아버지는
자식 사랑도 당신 타박으로 하셨다
사립문 옆 헛청에 나뭇짐을 부리며
시침 떼듯 진달래를 건네주던 당신께

나의 숨김은 하나만은 아닌 듯하다
구들장 틈으로 새는 연기를 참으며
자는 척, 당신의 눈물을 본 것이요
꼭 탁한 아비가 된 나를 본 것이다
아직 서슬 퍼런 지청구는 여전한데
여태 당신 속정까지는 닮지 못했다

—「데칼코마니」 전문

제목이 시사하는 것은 평소 멀게 느껴졌던 아버지의 복사판이 나라는 뜻. 닮고 싶지 않았지만 닮아만 가는 존재인 아버지. 노름판에 논밭뙈기 싹 날려버린 사람은 아버지 당신일 게다. 한 재산 날렸는데 자식이 공부를 잘하니 학비며 상급학교 진학이며 근심을 몰고 왔다. 한편으로는 자랑스럽고 한편으로는 걱정이 되어 "먼 조화여 시방"이라는 애매한 말로 마음을 표현한다. 자식 자랑도 당신 타박으로 하신 아버지와는 평생 서먹서먹한 사이였던 것 같다. 화자는 "구들장 틈으로 새는 연기를 참으며/자는 척, 당신의 눈물을 본 것"인데, "꼭 탁한 아비가 된 나를 본 것"이라고 함은 그렇게 닮고 싶지 않았던 아버지를 판박이처럼 닮고 말았다는 것일 터, 그래서 제목이 '데칼코마니'가 되었나 보다. 마지막 문장이 의미심장하다. "아직 서슬 퍼런 지청구는 여전한데/여태 당신 속정까지는 닮지 못했다"는 것은 멀게만 느껴졌던 아버지에 대한 애정 표현이 아니고 무엇인가. 그런데 아버지에 대한 시는 이 한 편이 전부다. 가깝고도 멀고, 멀고도 가까운 분인가 본다. 어머니에 대한 시는 10편은 족히 된다. "세수 81년 피보호자 지채순"은 어머니를 가리키는 것일 터, 아직도 "전북 완주군 경천면 용복리 35"에서 농사를 짓고 계시다.

우물가 앵두가 낯을 붉히면
아래 바탕 황새목 둔덕에선
밤꽃들이 한바탕 농을 치고 있었다
그때쯤, 하늬바람 일어서
청보리 알들 영글어 가는데
종다리는 보릿고개를 더 높이 울었다
다랑이 물꼬를 터 빗물을 잡던 날
덜 여문 겉보리로 끼니를 풀칠할 때
하지감자는 엄니의 한철 희망이었다
개울가 콩서리로 해찰만 부리는 자식들
부지깽이도 뛰어다니는 농번기에
당신 애옥살이는 감물처럼 깊어만 갔다
뻐꾸기 울어쌓는 유월, 팔순 엄니의
오래된 정원 같은 곳간이 택배로 왔다
지긋한 보자기에 핀 자주감자 향기며
속을 비워 꼿꼿한 노후 같은 대파,
알싸한 갓김치와 농익은 파김치의 저녁
두멧골 풍경 한 폭에 금세 살림이 환하다

—「오래된 정원」 전문

한여름 땡볕 아래서도 일을 하는 것은, 가을에 자식에게 농산물을 보내기 위해서다. 어머니가 택배로 부쳐주신 것으로 차린 식탁을 "두멧골 풍경 한 폭에 금세 살림이 환하다"고 표현했다. 어머니의 지극정성, 자식사랑, 희생정신…… 이 모든 것들이 한꺼번에 느껴진다. 어머니의 평생 애옥살이 덕에 자식의 식탁이 풍성해지는 이 현상을 뭐라고 말해야 할까. 주고도 모자라 더 주고 싶은 팔순 노모의 마음에 대해 "곳간"을 통째로 받았다고나 해야 그 고마움을 조금이나마 전할 수 있을까. 어머니가 일궈낸 소출을 받아서 먹는 시인의 마음이 환하다.

알밤 몇 톨과 홍시로 허기를 채우며 땀을 훔치던 엄마
배고픈 절망이 배불러 올 때
긴 한숨으로 고추를 따던 엄마를 맥없이 불러보곤 했다

—「묵정밭이 있는 풍경」 부분

허옇게 밑동을 내보인 쌀독,
소쿠리에 꽁보리밥마저 말라붙은 날
고구마는 동치미 없이도 한겨울 엄니의 희망이었다
토방엔 다섯 켤레의 고무신이
풀대죽 쑤는 냄새에 지쳐 연신 구시렁댔다

—「보릿고개」 부분

우리나라는 일제 강점기 말기와 전후에 보릿고개라는 절대 빈곤을 겪었지만 60년대에도 사정은 나아지질 않았다. 극히 일부를 제외하고는 온 국민이 기아선상에 허덕일 때, 다행히도 어머니가 있었다. 어머니의 이런 희생이 없었다면 자식들은 어떻게 되었을까. 그런데 화자는 대도시에 와서 살게 되면서 문명의 혜택과 물질의 풍요로 살이 자꾸 찌는 것이었다. "치맛귀로 눈물을 훔치며/아궁이에 꾸역꾸역 지피던/어머니의 춘궁이 배달된 날" 화자는 "하필이면 과체중으로/고혈압, 당뇨를 판정받"기에 이른다. "무시래기, 청국장, 새앙,/산도라지 날로 보낸 뜻"(「어머니와 보릿고개의 실루엣」)은 이런 것을 먹어야 성인병도 예방되고 살도 안 찐다는 뜻일 터, 생활습관을 바꾸리라 결심을 해본다.

어머니의 희생은 정말 눈물겨웠다. "평생 40kg를 넘겨본 적 없는 생은/고샅길로 허기진 달빛의 손을 끌며/울먹이는 그림자마저 자식들에겐 감췄다"(「대둔산 사모곡」)는 시구를 보면 "한문지식 몇 톨이 전 재산이던 아버지"와 달리 어머니는 한평생 가혹한 노동의 나날을 보낸 분임을 알 수 있다. 가난의 멍에를 벗지 못하고 산 어떤 어머니는 남편을 앞세웠는데, 시는 이렇게 끝난다.

> 한 서린 백년 사랑을 필사조차 못하는데
> 시인의 그 어떤 사랑의 애달픈 비유가

어머니의 망부가보다 더 차가운 그리움일까
'여보 사랑해요'
짧은 오열 한 문장이
적막한 산중의 눈물을 팽팽하게 당기고 있었다

—「어머니의 망부가」 부분

부부의 연은 사별을 예비한 것이고, 미운 정 고운 정 다 땅에 묻게 된다. 생명에 대한 회한과 세월의 힘이 가슴을 치는 시다. 시인은 「모란장 대폿집」에서 장삼이사들의 애환을 다루기도 하고 「만화반창 웃음꽃 피다」에서 친구였던 개그맨 김형곤을 추모하기도 한다. 생이란 결국 비애의 연속이고 인간의 마지막 길은 죽음이다. 그래서 어떻게 해야 하는 것일까? 시인은 '신앙'을 선택한다. 대체로 종교는 인간을 허무주의자가 되게 내버려두지 않는다.

섬광처럼 뇌리에 꽂히는
순간의 음성을 읽었다
땅에 엎드려 이틀 낮밤을
부질없던 생을 내려치며
바울처럼 너무 늦게 울었다
눈물 끝에서 마중한 길
마음의 뜰에 연초록이 돋고
기쁨이 먼저 내일로 피었다

오늘과 같아 일생을 살리라
강하고 담대하게 기뻐 살아
영혼을 적시는 말씀 나르는
새 에덴의 푸른 종이 되리라
너무 늦은 참회로도
나중 되는 생명나무가 되리라
세상의 헛된 것을 죄 버리고
A.D. 2014. 1. 20일 9시 20분
오늘 다시, 생의 처음을 산다

—「A.D. 첫날」 전문

"바울처럼 너무 늦게 울었다"고 하는 것으로 보아 시적 화자 혹은 시인 자신이 신앙에 귀의하게 된 것이 오래된 것 같지는 않다. 하지만 "강하고 담대하게 기뻐 살아/영혼을 적시는 말씀 나르는/새 에덴의 푸른 종이 되리라", "너무 늦은 참회로도/나중 되는 생명나무 되리라" 같은 구절로 보아 때늦은 깨달음이 더욱 깊은 신앙심의 길로 이끈 것이 아닌가, 여겨지게 한다. 신앙이란 결국, 삶과 죽음에 대한 이해를 확실하게 한다. 어떻게 살 것인가, 어떻게 죽을 것인가. 나의 사후는 어떻게 되는가. 무(無)인가 구원인가 윤회인가. "작고 하찮은 것조차 그 자리에 놓아/세상을 선물한 당신께 감사할 뿐이다", "감읍한 말씀을 푯대로/겸사와 감사로 나중 된 자로 승리하리라"는 결구에 이르면 삶의 이유와 죽음의 의미에 대한 시인의 확신을 감지할 수 있다.

기억 저편,
또 다른 기억이 있을 법하다
천상의 그 어디쯤
내 졸필을 일갈하실 이소(耳笑)
세상의 행간에
더는 저장할 공간이 없어
스승의 전화번호를 지웠다
마지막 유품을 정리한 오늘
날선 문자들이 항변을 한다
호흡이 너무 길다고,
시(詩) 정신만은 놓지 말라던
카랑한 가르침이 작달비로 내린다
회초리라도 진종일 맞아서
지천명이나마 제 뜻대로 읽어
행 갈음이라도 해야 될 텐데
나는 아직도 시, 너를 모른다
기억 저편에서 스승은
모사뿐인 이 내 시(詩)살이를
짐짓 못 본 척,
귀로 웃고 계신다

—「귀로 웃는 스승」 전문

그러고 보니, 김원식 시인은 귀로 웃는 스승의 가르침을 늘 가슴에 새기며 살아온 시인이었다. 임영조 시인의 장례식장에서 김 시인을 본 것이 어언 12년 전 일이다. 고려대 평생교육원에서 만나 사제의 연을 가지며 시를 배웠는데 스승은 가고 제자는 남았다. 스승이 시란 이런 것이며 이렇게 써야 한다고 가르쳐주었는데 제자는 아직도 시를 모른다고 자책한다. 그래서 아래의 시를 쓴 것이리라.

만천백일흔둘의 문자로
못질도 없이 짓는
박꽃 뜬 초가 한 채
대저, 나의 시(詩)살이는

—「나의 生」 전문

하이데거가 말했던가. 언어는 존재의 집이라고. 문자로 못질도 없이 짓는 집 한 채가, 박꽃 뜬 초가 한 채가 되리라는 구절은 시사해주는 바가 많다. 꽃과 집(가족)과 연인을 위해 시를 썼던 시인이 이제는 시를 위해 나의 남은 생을 다 바칠 각오가 되어 있다고 한다. 신앙을 가짐으로써 제2의 인생을 살게 되었으며 시집을 냄으로써 제3의 생을 살게 된 김원식 시인의 문운장구를 빈다.

이 도서의 국립중앙도서관 출판시도서목록(CIP)은 서지정보유통지원시스템 홈페이지(http://seoji.nl.go.kr)와 국가자료공동목록시스템(http://www.nl.go.kr/kolisnet)에서 이용하실 수 있습니다.(CIP제어번호: CIP2015026459)

문학의전당 시인선 216

그리운 지청구

초판 1쇄 발행 2015년 10월 7일
초판 2쇄 발행 2015년 10월 30일
지은이 김원식
펴낸이 고영
책임편집 이현호
디자인 헤이존
펴낸곳 문학의전당
출판등록 제311-2012-000043호
주소 서울시 은평구 연서로11길 7-5 401호
편집실 서울시 마포구 마포대로 127, 413호(공덕동, 풍림VIP빌딩)
전화 02-852-1977
팩스 02-852-1978
블로그 http://blog.naver.com/mhjd2003
전자우편 sbpoem@naver.com

ISBN 979-11-5896-005-6 03810